MILTON FRIEDMAN

El monetarismo frente
al keynesianismo

Por Ariane de Saeger
En colaboración con Brigitte Feys
Traducido por Marina Martín Serra

Economía y empresa · en50MINUTOS.es

LAS CLAVES PARA EL ÉXITO

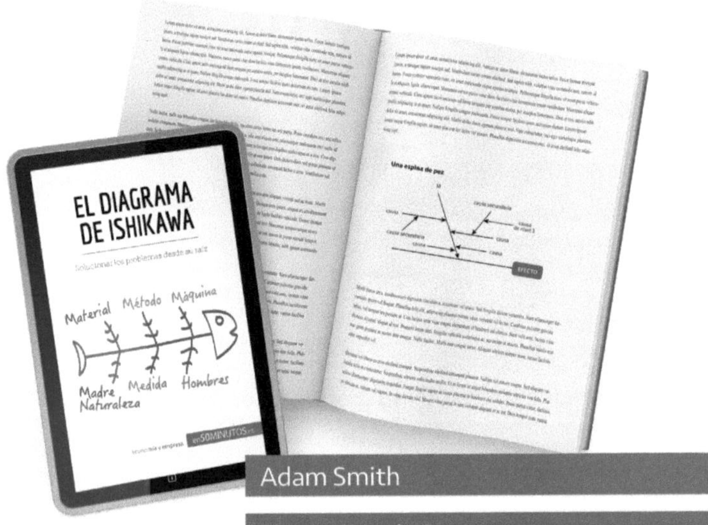

MILTON FRIEDMAN

- **¿Nombre?** Milton Friedman.
- **¿Nacimiento?** Nacido en Nueva York el 31 de julio de 1912.
- **¿Muerte?** Fallecido en San Francisco el 16 de noviembre de 2006.
- **¿Contexto?** Época marcada por un auge liberal que aspira a una reducción de las intervenciones del Estado.
- **¿Corriente?** Inspiración liberal, Escuela de Chicago, monetarismo.
- **¿Obras principales?**
  - Friedman, Milton y Simon Kuznets. 1945. *Income from Independent Professional Practice.* Cambridge: National Bureau of Economics Research.
  - Friedman, Milton. 1953. *Ensayos sobre economía positiva* (*Essays in Positive Economics*). Chicago: University of Chicago Press.
  - Friedman, Milton. 1956. *La teoría cuantitativa del dinero: una nueva exposición* (*Studies in the Quantity Theory of Money*). Washington: Biblioteca financiera (Fondo Monetario Internacional).
  - Friedman, Milton. 1962. *Capitalismo y libertad* (*Capitalism and Freedom*). Chicago: University of Chicago Press.
  - Friedman, Milton y Anna J. Schwarts. 1963. *Historia monetaria de los Estados Unidos* (*Monetary History of the United States*). Princeton: Princeton University Press.
  - Friedman, Milton. 1980. *Libertad de elegir* (*Free to Choose*). San Diego: Harcourt Brace Jovanovich.

- **¿Palabras clave?**
  - <u>Acción</u>: en bolsa, las acciones son partes de propiedad de una empresa. Se lleva a los inversores a que compren partes de una o de varias empresas para percibir dividendos y ver cómo aumenta su valor, para sacar un beneficio con su venta. El valor del título forma, junto con el dividendo, el *Return on Investment* (ROI), que es el rendimiento de la inversión de la acción.
  - <u>Bolsa</u>: lugar de encuentro entre la oferta y la demanda para un producto financiero (una acción de empresa, por ejemplo).
  - <u>Economía de mercado</u>: sistema en el que los agentes económicos (empresas e individuos) tienen la libertad de comprar y vender bienes, servicios y capitales. Por consiguiente, cada uno actúa en función de sus intereses; el beneficio, considerado positivamente, aparece como la recompensa del riesgo.
  - <u>Economía planificada</u>: una economía en la que el Estado o sus organismos habilitados toman las decisiones en materia de inversión, de producción y de fijación de los precios. La economía planificada se opone a la economía de mercado.
  - <u>Crac bursátil de 1929</u>: en el año 1929, los tipos de interés aumentan, la bolsa se estanca y la gente revende simultáneamente sus acciones para devolver sus créditos. Como consecuencia, la bolsa se desploma sin remedio.
  - <u>Libre comercio</u>: el libre comercio es una teoría que preconiza la supresión de todo obstáculo a los intercambios y a la libertad de las transacciones internacionales. Este sistema se opone al proteccionismo, que

protege a la economía de la competencia extranjera mediante barreras (no) arancelarias como los impuestos. Por ejemplo, un país A que, en el interior de sus fronteras, tiene dificultades a nivel de la producción y de la venta de leche, se protegerá instaurando un impuesto para todo otro país B que desee producir y vender leche a un precio inferior en el país A. El libre comercio tiene el objetivo de suprimir toda posibilidad de protegerse de la competencia.

- Mecanismo bursátil: si el tipo de interés de los préstamos bancarios es bajo, la gente pide más préstamos para poder invertir más en bolsa. Cuando la bolsa sube, la gente vende entonces su inversión bursátil (acciones, por ejemplo) para devolver el préstamo y quedarse con un beneficio restante que les favorezca. Para que este mecanismo funcione, el tipo de interés de los préstamos tiene que ser bajo y la bolsa tiene que estar en constante crecimiento.

- Tasa de cambio flotante: al contrario de lo que ocurre con la tasa de cambio fija, la tasa de cambio flotante evoluciona libremente en función de la oferta y la demanda. Supongamos que un individuo europeo quiere pedir un crédito en un banco estadounidense: el reembolso del crédito implicará un cambio de moneda para pagar al banquero en dólares. Si este último ofrece un crédito con una tasa de cambio flotante, la suma del crédito que el individuo tendrá que devolver variará en función del tipo propuesto por el mercado.

- Teoría del ingreso permanente: teoría elaborada por Milton Friedman en 1957 que supone que el comportamiento del consumidor no depende de los ingresos actuales que tiene, sino de los ingresos que estima que tendrá a largo plazo.

○ Teoría neoclásica: esta teoría de finales del siglo XIX tiene el objetivo de reforzar las ideas liberales de los economistas clásicos que habían sido contestadas, como las de Adam Smith (economista inglés, 1723-1790) o de David Ricardo (economista inglés, 1772-1823).

Desde un punto de vista histórico, los primeros años del economista Milton Friedman coinciden con «los felices años veinte» (1920), marcados por un fuerte crecimiento económico —el mayor en dos siglos— y por dos revoluciones industriales: la del automóvil y la de la electricidad. En ese momento, por delante de Alemania, Francia e Inglaterra, los Estados Unidos se erigen como primera potencia industrial, gracias a dos factores:

• la emergencia de nuevos productos de consumo, como el automóvil, el petróleo, la radio, etc.
• la conquista económica de Europa, en especial a través de la creación de multinacionales (Coca-Cola, General Electric, Ford, etc.) que implementan un *marketing* globalizado.

REVOLUCIÓN INDUSTRIAL

La Revolución Industrial está marcada por el paso de un sistema de producción artesanal al de una producción a gran escala gracias al aumento de la mecanización. Asimismo, las tareas desempeñadas por los obreros se

Además, los ingresos por habitante pasan de 522 a 716 dólares entre 1921 y 1930, y la subida de la bolsa alcanza el 300 % durante este mismo período, mientras que la producción industrial estadounidense solamente aumenta un 50 %. En ese momento, con las cotizaciones bursátiles que aumentan más rápido que la producción real y que el beneficio de las empresas, los Estados Unidos se encuentran en una espiral infernal: la bolsa controla la economía.

Durante su adolescencia, Milton Friedman se encuentra con la crisis económica (crac bursátil de 1929) y con el hambre, con el auge de los extremistas, de la xenofobia y del antisemitismo, y finalmente con la Segunda Guerra Mundial.

Los estragos de la crisis de 1929 son tan importantes que enseguida surgen varias políticas que preconizan el retorno a una economía planificada. En ese sentido, se adoptan numerosas reformas. Así, en los Estados Unidos, el presidente demócrata Franklin Roosevelt (1882-1945) instaura en 1933 la Ley Glass-Steagall, que marca la separación entre la gestión de los bancos y la de la bolsa para asegurar una total transparencia de las actividades bancarias y financieras, y restaurar la confianza de la población.

SU VIDA

JUVENTUD Y FORMACIÓN

Nacido en 1912 en Brooklyn en el seno de una familia modesta de inmigrantes judíos rumanos, Milton Friedman es un estudiante brillante: concluye con éxito sus estudios de secundaria poco después de haber cumplido dieciséis años (1928), se forma primero en la Universidad de Rutgers (Nueva Jersey), donde obtiene un diploma de *Bachelor of Arts* en 1932. A continuación, realiza estudios de Matemáticas y Actuaría (especialización matemática que se basa en las probabilidades y las estadísticas para estimar el impacto y los flujos financieros futuros y determinar el nivel de riesgo), y seguidamente se centra en la economía pura en la Universidad de Chicago. Finalmente, durante un año, profundiza en la estadística en la Universidad de Columbia, donde conoce a George Joseph Stigler (economista estadounidense, 1911-1991). Más adelante, vuelve a Chicago, donde es asistente de investigación al lado del economista y estadístico estadounidense Henry Schultz (1893-1938).

Durante este mismo período, conoce a la mujer que más tarde se convertirá en su esposa y que influenciará algunos de sus escritos: Rose Director (economista estadounidense, 1911-2009). De este matrimonio nacen dos hijos: uno de ellos, David Friedman, comenzará estudios científicos antes de centrarse, como sus padres, en la economía. Se inscribirá en una corriente anarco-capitalista con tendencia utilitarista, que preconiza un sistema sin la intervención del Estado.

DE LA ENSEÑANZA AL NOBEL

Cuando Milton Friedman termina sus estudios, en 1935, no encuentra directamente un puesto de profesor de universidad, por lo que se encamina hacia una carrera profesional federal en el marco de los programas iniciados por el presidente Roosevelt, que ofrecen muchas posibilidades para los economistas. Ese mismo año participa en un estudio sobre el consumo en el National Resource Committee; en 1937, trabaja por el National Bureau of Economics Research (NBER) y asiste a Simon Kuznets (economista estadounidense, 1901-1985) en sus trabajos sobre la teoría de los ingresos; de 1941 a 1943, Milton es asesor en el Departamento del Tesoro de los Estados Unidos y trabaja, sobre todo, en la política de los impuestos en tiempos de guerra.

Entre 1945 y 1946, Friedman inicia su carrera como profesor en la Universidad de Minesota, al lado de George Stigler. En 1946 continuará con esta trayectoria, como profesor de Economía en la Universidad de Chicago. Friedman lidera el grupo informal de economistas liberales llamado «Escuela de Chicago», y desarrolla la corriente de pensamiento monetarista. Lo relevarán George Stigler, Ronald Coase (economista inglés, 1910-2013), Gary Stanley Becker (economista estadounidense, 1930-2014) y Robert Emerson Lucas (economista estadounidense, nacido en 1937).

Al mismo tiempo que lleva a cabo su actividad como profesor, publica varias obras que hacen que su reputación aumente tanto entre el público estadounidense como entre los políticos. En el año 1953, publica sus *Ensayos sobre economía positiva* (*Essays in Positive Economics*), que en ese momento provocan disensión pero que finalmente se reconocen como una referencia del pensamiento económico contemporáneo. En 1962, publica *Capitalismo y libertad* (*Capitalism and Freedom*), uno de los clásicos de la economía más provocadores.

Desde un punto de vista político, los trabajos de Milton Friedman influyen principalmente las políticas de Margaret Thatcher (1925-2013) en el Reino Unido, y de Ronald Reagan (1911-2004) en los Estados Unidos.

A finales de la década de los sesenta Friedman es periodista para el *Newsweek* y, al mismo tiempo, asesor económico de organismos oficiales, y tiene una presencia cada vez más importante en la esfera pública. Además, trabaja por cuenta de algunos presidentes —Richard Milhous Nixon (1913-1994) y Ronald Reagan— durante su mandato.

En 1976, recibe el Premio Nobel por sus descubrimientos en el ámbito del análisis del consumo, de la historia y de la teoría monetaria y por su demostración de la complejidad de las políticas de estabilización monetaria.

Durante los años ochenta y hasta los noventa, Milton Friedman continúa realizando muchas apariciones en los medios de comunicación —el programa de televisión *Free to Choose*, del cual sacará un libro epónimo, da muestra de ello— y viaja para continuar promoviendo su pensamiento. Finalmente, en 1996, fundará junto con su mujer una institución que ayuda a los padres en su tarea de educar a los hijos: la Friedman Foundation for Educational Choice.

SUS CONTEMPORÁNEOS

Henry Schultz (economista estadounidense, 1893-1938)

Tras haber finalizado su doctorado en Columbia en 1926, Henry Schultz se convierte en profesor en la Universidad de Chicago. Esta profesión, ejercida durante toda su vida, le permitirá conocer a Milton Friedman, que le ayudará con sus investigaciones.

Schultz, considerado un gran economista estadístico estadounidense, es uno de los fundadores de la econometría, cuyo objetivo es la aplicación de los modelos estadísticos a modelos económicos. Asimismo, es uno de los primeros miembros de la Escuela de Chicago que se desmarca y dedica la mayor parte de su tiempo a la estimación estadística de la oferta y la demanda.

George Joseph Stigler (economista estadounidense, 1911-1991)

George Stigler es un economista estadounidense que se convierte en profesor tras doctorarse en 1938 en la Universidad de Chicago. Rápidamente, el científico entabla amistad con Milton Friedman, con quien comparte sus reflexiones sobre la teoría monetarista.

Los trabajos de Stigler abarcan tres ámbitos:

- la historia del pensamiento económico, con la afirmación matemática de la eficacia del liberalismo en el centro de sus investigaciones;

- la microeconomía y el modelo de la competencia;
- la teoría de la elección pública. Según Stigler, el mercado resuelve una gran parte de los problemas, por lo que es erróneo pretender que el Estado intervenga para solventar los defectos del mercado. Al igual que Friedman, Stigler lleva a cabo grandes reformas de desregulación bajo el mandato de Nixon y Reagan.

En 1982, recibe el Premio Nobel por sus investigaciones sobre la teoría de la regulación económica.

LA TEORÍA POSITIVA DE LA REGULACIÓN

La teoría positiva de la regulación, llamada también «teoría de la captura», pretende explicar mejor la utilidad de una intervención en la economía por parte del Estado. Por una parte, Stigler explica que, en un sistema en el que el Estado tiene el poder de prohibir, autorizar, ayudar u obligar a una industria a que siga ciertas normas, los responsables políticos menoscaban el bienestar colectivo haciendo que las regulaciones vayan a su favor. Por otra parte, demuestra que la intervención del Estado es el resultado de un simple mecanismo entre los oferentes (responsables políticos y funcionarios) y los demandantes (emprendedores y asociaciones de empresas) de regulaciones. De este modo, Stigler demuestra que este mecanismo de mercado está inclinado a favor de los emprendedores, que forman un grupo de presión para hacer valer sus intereses y conseguir una regulación pública ventajosa, sin tener en cuenta al consumidor, impotente.

Friedrich August von Hayek (economista inglés de origen austríaco, 1899-1992)

Friedrich August von Hayek es un economista y filósofo que defiende con fervor el liberalismo y que se opone al socialismo y a cualquier forma de intervencionismo del Estado.

Uno de sus principales trabajos es un examen profundo de la teoría de coyuntura, fundada por Ludwig von Mises (economista estadounidense de origen austríaco, 1881-1973) y que supone que las crisis económicas están originadas por la política monetaria expansionista del Banco Central. En otras palabras, esta política consiste en un procedimiento del Banco Central que baja el tipo de interés, haciendo que sea más atractivo realizar inversiones y que los créditos cuesten menos. Von Hayek critica el hecho de que, cuando el Banco Central interviene, se rompe el equilibrio. En efecto, si los hogares tienen más dinero, los precios aumentarán y nos daremos cuenta de que la inversión no habrá sido tan rentable como se esperaba. Por lo tanto, el economista piensa que el Banco Central no debe intervenir para que los precios vuelvan al equilibrio de forma natural. A pesar del carácter utópico de esta visión, añade que el nivel de los precios y el equilibro monetario deben ir acompañados de una competencia perfecta, sin barreras arancelarias.

Esta teoría le hizo ganar el Premio Nobel de Economía en 1974.

Ronald Coase (economista británico, 1910-2013)

Tras realizar estudios de Comercio y de Economía en Inglaterra, Ronald Coase trabaja como profesor en la

Universidad de Chicago y como redactor en jefe del *Journal of Law and Economics*. La aportación de Coase es doble:

- por una parte, se pregunta sobre la no existencia de las empresas en la teoría neoclásica y cuestiona la eficacia de una economía de mercado. Observa que el recurso al mercado por parte de una empresa (como el hecho de recurrir a un subcontratista y negociar su contrato, por ejemplo) genera costes, llamados «costes de transacción» y que, aunque utilizar un modo de funcionamiento jerárquico permite evitarlos, genera otros, los «costes de organización». Según él, ambos tipos de costes deben ser comparados y analizados para que se elija, con total conocimiento de causa, la solución más ventajosa: el recurso al mercado o a la empresa;
- por otro lado, desarrolla el concepto de externalidad de las empresas.

Coase se cuestiona la necesidad de restringir una actividad económica en provecho del medio ambiente. Según él, las externalidades se tienen que solucionar con intercambios de derechos de propiedad entre agentes privados y no con una intervención del Estado.

Coase recibe el Premio Nobel de Economía en 1991 por sus aportaciones.

John Maynard Keynes (1883-1946)

John Keynes es una de las grandes figuras económicas del siglo XX: preconiza una economía planificada para reducir las incertidumbres del porvenir.

Aunque Keynes es profesor en Cambridge y, durante un breve período, representante del Tesoro británico, su visión de la economía se origina con la crisis que sacude las concepciones tradicionales a partir de 1929. En esa época redacta su obra principal, *Teoría general de la ocupación, el interés y el dinero* (1936), que da fe de ello.

La influencia y el renombre de Keynes alcanzan su apogeo durante la Segunda Guerra Mundial, cuando en 1944 se convierte en uno de los fundadores del sistema monetario de la posguerra. Se trata de un nuevo sistema monetario internacional que tiene como principal objetivo la promoción del comercio mundial. Para que este nuevo sistema sea óptimo, Keynes decide crear un marco operativo que permita una buena gestión de la moneda. A partir de ese momento, cada país tiene que poseer una cuenta en un banco común, el Bancor, que regule todos los déficits y los excedentes de la balanza comercial de una nación. Finalmente, este plan de creación de sistema internacional no se ha implementado, puesto que el economista estadounidense Harry Dexter White (1892-1948) es quien impondrá su sistema de moneda internacional, «el patrón oro» o *Gold Standard.*

SU OBRA, UNA IMPORTANTE APORTACIÓN A LA ECONOMÍA

Capitalismo y libertad (1962), *Historia monetaria de los Estados Unidos* (1963) y *Libertad de elegir* (1980) son tres obras principales de Milton Friedman, que han tenido una influencia notoria en los economistas y los políticos del siglo XX.

CAPITALISMO Y LIBERTAD (1962)

Contexto

Capitalismo y libertad, publicada en el momento en el que las ideas keynesianas dominan las políticas del mundo económico, demuestra que la inflación y el paro ralentizan la economía. Todavía hoy, la obra se considera como una de las más influentes entre las que se han publicado desde la Segunda Guerra Mundial, ya que sigue estando de actualidad en el contexto económico absoluto. En esta obra, el autor aborda grandes temáticas, como la moneda, la educación, la competencia y la regulación.

Idea principal: la libertad económica

La principal idea que Friedman desarrolla en esta obra puede resumirse de la siguiente forma:

La libertad económica y el desarrollo de la libertad civil y política

$$LE + x = des.\ LC\ y\ LP$$
$$pero\ des.\ LC\ y\ LP + x \neq LE$$

LE = libertad económica

$des.\ LC\ y\ LP$ = desarollo de la libertad civil y política

x = las demás condiciones

En efecto, partiendo de la constatación de que cada individuo posee derechos naturales que ningún poder tiene el derecho de violar, los liberales —como Milton Friedman— quieren protegerlos limitando cualquier obligación social (y, por lo tanto, cualquier intervención del Estado) susceptible de obstaculizar las libertades económicas y civiles de los individuos.

Así pues, Friedman preconiza:

- la libertad total de los individuos;
- la iniciativa privada;
- la libre competencia.

De manera más amplia, Milton Friedman defiende una economía de mercado en la que se reduzcan todas las intervenciones del Estado para garantizar una libertad civil lo más completa posible. Sin embargo, puesto que la libertad absoluta (o anarquía) no es posible ni viable, Friedman reconoce que la intervención del Gobierno es necesaria para asegurar el respeto de algunas reglas (derechos, leyes, etc.).

Del mismo modo que la libertad civil total, la libertad política también puede tener consecuencias como las dictaduras, lo que haría imposible toda libertad económica.

Las otras ideas: la teoría del libre comercio y el consumo

La segunda idea importante que Friedman defiende aquí es la teoría del libre cambio en materia de comercio internacional.

Cuestiona las ideas de Keynes y, en particular, formula la teoría del ingreso permanente, según la cual el comportamiento del consumidor no depende de los ingresos actuales sino de las previsiones que los consumidores hacen de sus ingresos futuros. Así, si las previsiones son estables, tendrán tendencia a regular el consumo, incluso cuando los ingresos disponibles bajen o aumenten.

Friedman, como monetarista que es, critica también el control monetario del Estado, que piensa que es fuente de peligros y de desvíos. Según él, sin la intervención del Banco Central, las recesiones no habrían degenerado en catástrofe durante el crac bursátil de 1929.

Asimismo, Friedman explica que el papel del Estado es garantizar la seguridad de los ciudadanos, asegurar el respeto de las reglas de derecho e intervenir si el mercado falla o muestra debilidades (ejemplo: monopolios de algunas empresas). Según él, aunque limitar la intervención del Estado contribuye a la libertad, no se puede prescindir del todo de esa intervención.

Finalmente, este texto también trata del papel del Estado en la financiación de la educación. Puesto que la educación básica es esencial para todos, sugiere un sistema de «bono educativo» que permita hacer un seguimiento del alumno y no del establecimiento. Para él, se trata de la solución menos mala.

Como conclusión, conviene destacar que Friedman se opone firmemente al keynesianismo, que preconiza una economía planificada, y sitúa la libertad en el centro de sus ideas. En efecto, para él, esta pasa inevitablemente por una limitación del poder público y una descentralización.

HISTORIA MONETARIA DE LOS ESTADOS UNIDOS (1963)

Contexto

Este libro, de Milton Friedman y Anna Schwartz, propone una visión diferente del pensamiento dominante de la época, el keynesianismo: los autores intentan demostrar de forma estadística y teórica la ineficacia de las políticas de estímulo keynesianas. Sus observaciones se hacen eco de las que se expresan en *Capitalismo y libertad*.

Idea principal: una teoría monetarista en tres puntos

Esta teoría se basa en la ecuación cuantitativa de la moneda tal como Irving Fisher (1867-1947) la expresó matemáticamente:

Ecuación cuantitativa de la moneda

$$M \times V = P \times T$$

T = número de acciones efectuadas o volumen de transacciones
P = nivel de precio
M = cantidad de moneda en circulación o masa monetaria
V = velocidad de circulación de la moneda

Friedman y Schwartz estudian la velocidad de circulación de la moneda y llegan a la conclusión de que la evolución de la masa monetaria modifica los precios. Según Friedman, si el Banco Central interviene disminuyendo el tipo de interés para reactivar la economía, el acceso al crédito será más favorable, pero los precios aumentarán.

La obra que presenta la teoría monetarista se articula en tres tiempos:

1. **la demostración de la ineficacia de las políticas de estímulo keynesianas**, que afirman que, en periodo de falta de empleo, como los precios están fijados, un estímulo a través de la demanda es sinónimo de aumento del consumo —y, por consiguiente, de los gastos y de la masa monetaria en circulación— y de reactivación de la oferta (producción). Milton Friedman argumenta que una teoría de este tipo no es realista y que, entonces, la inflación es inevitable;
2. **la afirmación de que la inflación es únicamente un fenómeno monetario**. Supone una demanda de moneda

estable en función de los ingresos percibidos por los agentes económicos; el aumento de la oferta monetaria (aumento de los ingresos) no modifica los saldos monetarios: los agentes utilizan esta moneda adicional para consumir, lo que se traduce por un aumento de los precios (inflación);

Milton Friedman demuestra también en esta obra que una de las tareas de las autoridades públicas es la de controlar esta masa monetaria para evitar toda inflación o deflación, ya que estas provienen de un aumento de las emisiones de moneda del Banco Central que excede a la producción. En el mismo orden de ideas, se muestra especialmente crítico frente a la política llevada a cabo durante la Gran Depresión y acusa a la Reserva Federal de los Estados Unidos (Fed) de haber contribuido al gran alcance de los daños del crac bursátil de 1929.

Para avisar sobre una situación inflacionista, Friedman preconiza una disminución de la masa monetaria y un aumento de los tipos de interés.

3. **el postulado de una política monetaria que debe ser estructural y no coyuntural**. Puesto que la moneda no es un elemento neutro y que toda variación genera consecuencias en el resto de la actividad económica, debe ser relativamente estable y estricta. De esta forma, las previsiones de los consumidores no están distorsionadas por futuras modificaciones de precios. Según Friedman, la regla más simple es que la moneda evoluciona a un tipo fijo.

RECORDATORIO

- Masa monetaria: la cantidad de moneda en circulación en una economía en un momento preciso. En Europa, los flujos de masa monetaria están regulados por el BCE (Banco Central Europeo), que fija los niveles de liquidez de los distintos agentes económicos en función de sus indicadores estadísticos.

- Inflación monetaria: aunque la masa monetaria permite regular la economía en tiempos de escasez y en tiempos de excedente de cantidad de moneda, una cantidad en circulación demasiado elevada puede crear una situación de inflación. La masa monetaria aumenta entonces gracias a un tipo de interés bajo, la gente consume más, la demanda es superior a la oferta y los precios aumentan.

LIBERTAD DE ELEGIR (1980)

Contexto

Esta obra tiene su origen en los programas de televisión presentados por Milton Friedman y su mujer, Rose. Su objetivo es demostrar la superioridad del liberalismo frente a los demás sistemas económicos.

Las tres grandes tesis que defiende Friedman en *Libertad de elegir* son:

- la libertad individual;
- la libertad económica;
- la igualdad.

Finalmente, presenta las consecuencias que puede conllevar el hecho de que un mercado ignore uno de estos componentes.

La teoría

Puesto que el mercado traduce sus códigos y sus límites mediante los precios que fija, estos deben poder tener la libertad de alcanzar su propio nivel en función de las preferencias de los consumidores y de las de los productores, sin que se produzca ninguna intervención del Estado. De este modo, los agentes económicos reciben una información directamente del mercado, sin deformación por parte del

Gobierno, ya sean regulaciones o cualquier otro tipo de intervención. De este modo, parece que Milton Friedman se acerca a la teoría de la mano invisible de Adam Smith, un sistema económico en el que los agentes, que evolucionan en él, actúan en función de sus intereses personales y participan, por ello, en el bien común de la sociedad. Un sistema en el que, retomando los términos de Adam Smith en 1776, «la búsqueda del interés personal conduce al bien común» (Gómez 1998).

Entonces, Friedman analiza los problemas económicos que las naciones han encontrado a lo largo de la historia. Por un lado, compara el sistema de economía capitalista con el de economía planificada. Por el otro, critica la mayor prosperidad del capitalismo en relación con una economía planificada. Según él, lo que falla en una economía planificada es la importancia de los incentivos individuales motivados por la libertad de acción.

Friedman se opone al intervencionismo y también destaca el hecho de que toda intervención del Estado obstaculiza el funcionamiento eficaz de la economía. El caso del libre comercio ilustra este fenómeno: según el economista, toda barrera arancelaria sobre las importaciones o exportaciones es una distorsión del comercio, puesto que causa cambios a nivel de los ingresos, del empleo y de la producción. Así pues, Milton Friedman se posiciona indudablemente a favor del libre comercio.

Aunque también se opone a la regulación del sector del gas, a los impuestos sobre el tabaco y a la regulación de la educación, matiza su planteamiento con el argumento de que algunas políticas intervencionistas son necesarias ya que permiten ayudar a los más pobres gracias a un impuesto negativo. Finalmente, la obra no solamente es una crítica, sino que también propone alternativas mientras afirma que los programas basados en el mercado son más eficientes.

IMPUESTO POSITIVO E IMPUESTO NEGATIVO

Mientras que el impuesto positivo que conocemos se centra en deducir una parte de nuestros ingresos, el impuesto negativo le otorga una suma adicional al consumidor para asegurarle unos ingresos decentes. Este impuesto negativo corresponde a un cierto porcentaje cuando los ingresos son inferiores a un umbral definido. Supongamos que el umbral es de 1000 € y que el porcentaje es de 50 %; alguien que no recibe ningún ingreso del trabajo recibirá el 50 % de 1000 € (es decir, 500 €).

LÍMITES DE SU PERSPECTIVA Y EXTENSIONES

LÍMITES DE SU PERSPECTIVA Y CRÍTICAS

Las críticas son numerosas y ponen en tela de juicio los diferentes conceptos desarrollados por Milton Friedman. Se refieren tanto a los límites de la teoría monetarista como a algunas opciones de vida del economista estadounidense.

- **Para los economistas contemporáneos como Robert E. Lucas (nacido en 1937) o Finn E. Kydland (economista noruego, 1943), el monetarismo de Milton Friedman es demasiado simplista**. De forma general, la herencia ultraliberal del pensamiento de Milton Friedman ha sido muy controvertido. El monetarismo, que situaba en el centro de su reflexión a la inflación mediante el aumento monetario, les parece demasiado simplista a los economistas actuales. Además, los bancos centrales han abandonado la política monetarista principal según la cual «la masa monetaria debe seguir una tasa de crecimiento fijo para evitar toda inflación» y esto por varios motivos, uno de los cuales se centra en las innovaciones en materia de productos financieros cada vez más complejos, y a veces incluso más arriesgados. Efectivamente, hoy en día es cada vez más difícil separar la moneda de los otros productos financieros en el mercado. Por consiguiente, los agentes eligen entre los productos financieros y el dinero en circulación se enfrenta a grandes fluctuaciones. Sin embargo, según la teoría de Milton Friedman, solamente hay relación entre inflación y masa monetaria si su velocidad de circulación es constante. En este caso, esto es inexacto.

- **Los keynesianos todavía consideran que la corriente de pensamiento propuesta por Friedman es una innovación económica inquietante.** En efecto, en esta época, la corriente dominante se oponía por completo a lo que proponía Friedman: el intervencionismo, las políticas de intervención presupuestaria, un tipo de cambio fijo, etc.

- **Los economistas austríacos han hecho tambalear la pertenencia y la validez de sus hipótesis monetarias.** Otro punto de vista interesante es el de los economistas austríacos. Según ellos, Milton Friedman es partidario de la corriente keynesiana y no detractor. En efecto, tras la crisis de 1929, Friedman estima que esta se habría podido evitar si la Reserva Federal (Fed) hubiera inyectado suficiente liquidez. Por consiguiente, los austríacos ven a Friedman como un estadista desde el punto de vista monetario. Por otro lado, en su método, basa sus teorías en los datos y no en acciones, lo que pone en duda el realismo de sus hipótesis y la pertenencia de sus teorías.

- **Su colaboración con el Gobierno chileno de Pinochet fue muy controvertida.** Uno de los puntos más controvertidos de la vida de Friedman es, sin lugar a dudas, su relación con el Gobierno chileno y, más en particular, con Augusto Pinochet (militar y hombre de Estado chileno, 1915-2006), que tomó el poder tras el golpe de Estado de 1973. En esa época, mientras que la economía chilena no goza de buena salud (hiperinflación y actividad económica paralizada), Friedman hace todo lo posible para volver a levantar las finanzas del país. A pesar de las numerosas reformas y de los resultados positivos que se suceden, pocos le perdonan a Friedman su intervención en 1973; algunos incluso sospechan que tuvo una implicación personal en el golpe de Estado.

EXTENSIONES

En la misma línea que Milton Friedman, encontramos a otros fervientes defensores del liberalismo:

- **Adam Smith** (filósofo y economista escocés, 1723-1790), uno de los fundadores de la teoría económica liberal. En el centro de su reflexión y de su filosofía se encuentra la metáfora de la «mano invisible» que supone que los individuos contribuirán mejor al interés colectivo si persiguen su propio interés. Esta teoría asegura que un mínimo de intervenciones del Estado en el ámbito de la economía conduce al bienestar de todos. Sin embargo, el pensamiento de Adam Smith ha sido muy criticado a lo largo de los siglos, ya que la persecución de los intereses individuales puede ser perjudicial si no está supervisada por el Estado;
- monetaristas contemporáneos al economista que pertenecen a la Escuela de Chicago —George Joseph Stigler, Ronald Coase, etc.;
- así como otros como **Robert E. Lucas**, economista estadounidense muy influenciado por Milton Friedman. Más radical que este último, estima que toda intervención pública es nefasta para la actividad económica y, además, se opone parcialmente a la teoría monetaria. Mientras que Friedman consideraba que los agentes económicos

se adaptaban naturalmente a una cierta variación de la masa monetaria para evitar un aumento de los precios, Lucas piensa que esta adaptación es inmediata. Así, según él, si el Gobierno lleva a cabo un estímulo económico mediante una inyección de moneda y un tipo de interés bajo, los agentes que conocen los riesgos de una política semejante reaccionarán inmediatamente y no progresivamente, y entonces podrán modificar su comportamiento anticipando las evoluciones de los precios y de los salarios. Así pues, la intervención pública inicial resulta ineficaz, y subraya también que es preferible dejar siempre que el mercado actúe.

EN RESUMEN

1912
31 jul.: nacimiento de Milton Friedman

1946
Profesor de Economía en la Universidad de Chicago

1953
Publicación de los
Ensayos sobre economía positiva

1962
Publicación de *Capitalismo y libertad*

1963
Publicación de *Historia monetaria de los Estados Unidos*

1976
Premio Nobel de Economía

1980
Publicación de *Libertad de elegir*

1996
Creación de la Friedman Foundation for Educational Choice

2006
16 nov.: fallecimiento de Milton Friedman

- Milton Friedman, un estudiante brillante procedente de una familia modesta, se ha convertido en uno de los economistas más conocidos e influentes del siglo XX.

- Apoyándose en sus experiencias profesionales federales y académicas, logra combinar práctica y teoría en sus numerosas obras:
  - *Capitalismo y libertad* (1962), en la que desarrolla su idea de libertad económica;
  - *Historia monetaria de los Estados Unidos* (1963), en la que expone su teoría monetarista;
  - *Libertad de elegir* (1980), en la que defiende la libertad individual, la libertad económica y la igualdad.
- Promotor del liberalismo, desarrolla sus teorías monetarias en un contexto en el que predomina el keynesianismo.
- Milton Friedman se codea con algunas grandes personalidades políticas de la época, como Reagan y Nixon, a las que también asesora, en especial en estos dos planos:
  - política de intervención monetarista. Según él, la inflación siempre se explica por un aumento de la cantidad de moneda en circulación y el Estado, desde un punto de vista monetario, solamente tiene que intervenir para estabilizarla con el objetivo de evitar toda variación de los precios;
  - abandono de las políticas presupuestarias y de toda intervención del Estado.
- En la misma línea de Milton Friedman, encontramos a otros monetaristas de la Escuela de Chicago, en especial a George Stigler y Ronald Coase.
- Milton Friedman, sin embargo, será criticado por los límites de su teoría monetarista, por su enfoque considerado demasiado teórico y por su intervención durante la dictadura militar de Pinochet en Chile.

¡Tu opinión nos interesa!
¡Deja un comentario en la página web de tu librería en línea,
y comparte tus favoritos en las redes sociales!

PARA IR MÁS ALLÁ

FUENTES BIBLIOGRÁFICAS

- Alternatives Économiques. 2005. "John Maynard Keynes", "Robert Lucas", "Ronald Coase". *Alternatives Économiques*, n.° 21.
- Daniel, Jean-Marc. 2007. "Georges Stigler et l'histoire des idées". *Le Monde*. 1 de febrero. Consultado el 20 de enero de 2017. http://www.lemonde.fr/talents-fr/article/2007/02/01/george-stigler-et-l-histoire-des-idees_821339_3504.html
- Daniel, Jean-Marc. "Une Université monétaire des États-Unis 1867-1960, livre de Milton Friedman et Anna Schwartz". *Encyclopædia Universalis*. Consultado el 20 de enero de 2017. http://www.universalis.fr/encyclopedie/une-histoire-monetaire-des-etats-unis-1867-1960/
- Grandin, Greg. 2006. "The Road of the Serfdom. Milton Friedman and the Economics of Empire". *Counterpunch*. 17 de noviembre. Consultado el 20 de enero de 2017. http://www.counterpunch.org/2006/11/17/the-road-from-serfdom/
- INSEAD. "Milton Friedman. Le monétarisme". *INSEAD*. Consultado el 18 de septiembre de 2014. http://www.insead.edu/library/past_events/docs/Friedman.pdf
- Lassort, Marc. 2013. "Extrait de *Capitalisme et Liberté* de Milton Friedman". *Institut Coppet*. 9 de abril. Consultado el 20 de enero de 2017. http://www.institutcoppet.org/2013/04/09/extrait-de-capitalisme-et-liberte-de-milton-friedman/
- Rivalland, Johan. 2013. "*Capitalisme et Liberté*, de Milton

Friedman". *Contrepoints*. 27 de octubre. Consultado el 20 de enero de 2017. http://www.contrepoints. org/2013/10/27/144042-capitalisme-et-liberte-de-milton-friedman
- Stigler, George J. 1971. *The theory of economic regulation*. Chicago: The University of Chicago. Consultado el 20 de enero de 2017. http://www.ppge.ufrgs.br/GIACOMO/ arquivos/regulacao2/stigler-1971.pdf
- Vintray, Alexis. 2012. *Capitalisme et Liberté*. 31 de julio. Consultado el 20 de enero de 2017. http://www. contrepoints.org/2012/07/31/5554-capitalisme-et-liberte

FUENTES COMPLEMENTARIAS

- Belgium.be. Consultado el 20 de enero de 2017. http://www.belgium.be/fr/economie/ informations_economiques/inflation/
- Bookrags, "Free to Choose: a Personal Statement". Consultado el 20 de enero de 2017. http://www. bookrags.com/studyguide-free-to-choose/
- Gómez Gómez, Carlos Mario. 1998. "Adam Smith: una introducción a la Riqueza de las Naciones". *Universidad de Alcalá*. Octubre. Consultado el 23 de enero de 2017. http://www3.uah.es/econ/hpeweb/HPE983.html
- Le portail de l'Économie et des Finances. Consultado el 20 de enero de 2017. http://www.economie.gouv.fr/ facileco/adam-smith http://www.economie.gouv.fr/facileco/milton-friedman http://www.economie.gouv.fr/facileco/ronald-coase
- Encyclopædia Britannica. Consultado el 20 de enero de 2017. http://www.britannica.com/EBchecked/

topic/528406/Henry-Schultz
- Larousse. Consultado el 20 de enero de 2017. http://www.larousse.fr/dictionnaires/francais/libre-échange_libres-échanges/47015
- Melchior, le site des sciences économiques et sociales. Consultado el 20 de enero de 2017. http://www.melchior.fr/George-Stigler-prix-nobel-d.8216.0.html
- Trader-Finance.fr. Consultado el 20 de enero de 2017. http://economie.trader-finance.fr/deflation/ http://economie.trader-finance.fr/masse+monetaire/